Impressum
Verlag: BABADADA GmbH, Nedderfeld 112 , 22529 Hamburg
Geschäftsführer / Verlagsleitung: Harald Hof
Druck: Books on Demand GmbH, In de Tarpen 42, 22848 Norderstedt

Imprint
Publisher: BABADADA GmbH, Nedderfeld 112 , 22529 Hamburg, Germany
Managing Director / Publishing direction: Harald Hof
Print: Books on Demand GmbH, In de Tarpen 42, 22848 Norderstedt

la salle de classe
klasė

diviser
dalinti

186/2

le tableau noir
lenta

la cour (de récréation)
mokyklos kiemas

le professeur
mokytojas

le papier
popierius

écrire
rašyti

le stylo
rašiklis

le bureau
rašomasis stalas

la règle
liniuotė

le livre
knyga

l'élève
mokinys

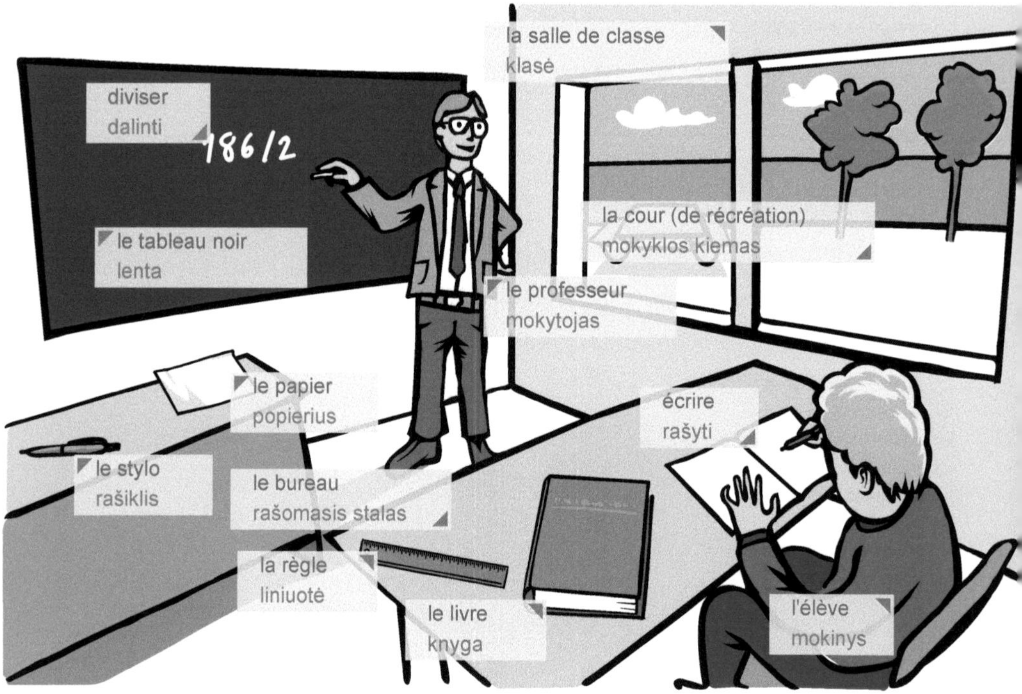

le cartable

kuprinė

la trousse

penalas

le crayon

pi, pieštukas

le crayon

pieštukas

le taille-crayon

drožtukas

la gomme

trintukas

le carnet à dessin

piešimo bloknotas

le dessin
piešinys

le pinceau
teptukas

la boîte de peinture
dažų dėžutė

les ciseaux
žirklės

la colle
klijai

le cahier d'exercices
vadovėlis

les devoirs
namų darbai

le chiffre
numeris

additionner
pridėti

soustraire
atimti

multiplier
dauginti

calculer
skaičiuoti

la lettre
raidė

l'alphabet
abėcėlė

le mot
žodis

l'école - mokykla

le texte

tekstas

lire

skaityti

la craie

kreida

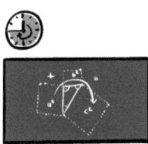

la leçon

pamoka

le livre de classe

dienynas

l'examen

egzaminas

le certificat

pažymėjimas

l'uniforme scolaire

mokyklinė uniforma

la formation

išsilavinimas

le lexique

enciklopedija

l'université

universitetas

le microscope

mikroskopas

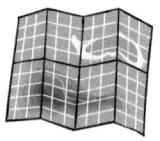

la carte

žemėlapis

la corbeille à papier

šiukšliadėžė

le voyage
kelionė

l'hôtel
viešbutis
Grand
l'auberge
svečių namai
ROOMS
le bureau de change
valiutos keitykla
la valise
lagaminas
la voiture
mašina

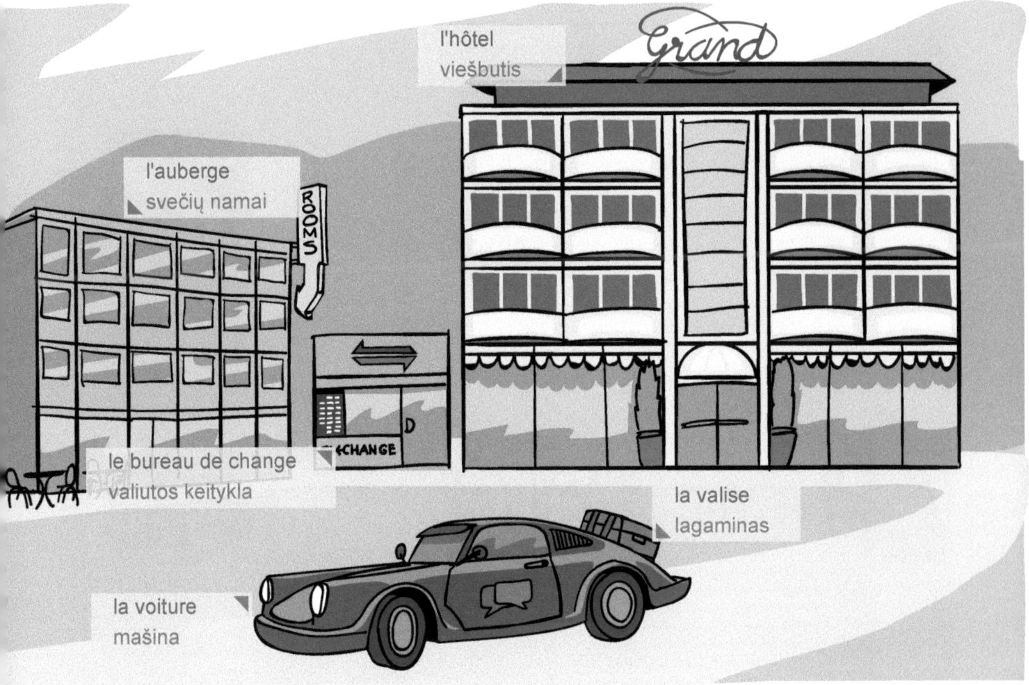

la langue
kalba

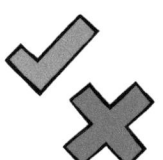

oui / non
taip / ne

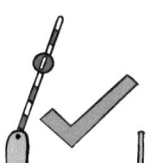

d'accord
Gerai

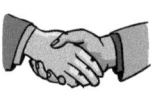

Salut
sveiki

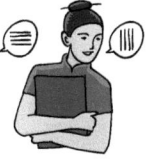

l'interprète
vertėjas raštu

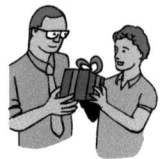

merci
Ačiū

Combien coûte...?

kiek kainuoja...?

Je ne comprends pas

aš nesuprantu

le problème

problema

Bonsoir !

Labas vakaras!

Bonjour !

Labas rytas!

Bonne nuit !

Labos nakties!

Au revoir

viso gero

la direction

kryptis

les bagages

bagažas

le sac

krepšys

le sac-à-dos

kuprinė

l'hôte

svečias

la pièce

kambarys

le sac de couchage

miegmaišis

la tente

palapinė

l'office de tourisme

turizmo informacija

la plage

paplūdimys

la carte de crédit

kreditinė kortelė

le petit-déjeuner

pusryčiai

le déjeuner

pietūs

le dîner

vakarienė

le billet

bilietas

l'ascenseur

liftas

le timbre

pašto ženklas

la frontière

siena

la douane

muitinė

l'ambassade

ambasada

le visa

viza

le passeport

pasas

le transport
transportas

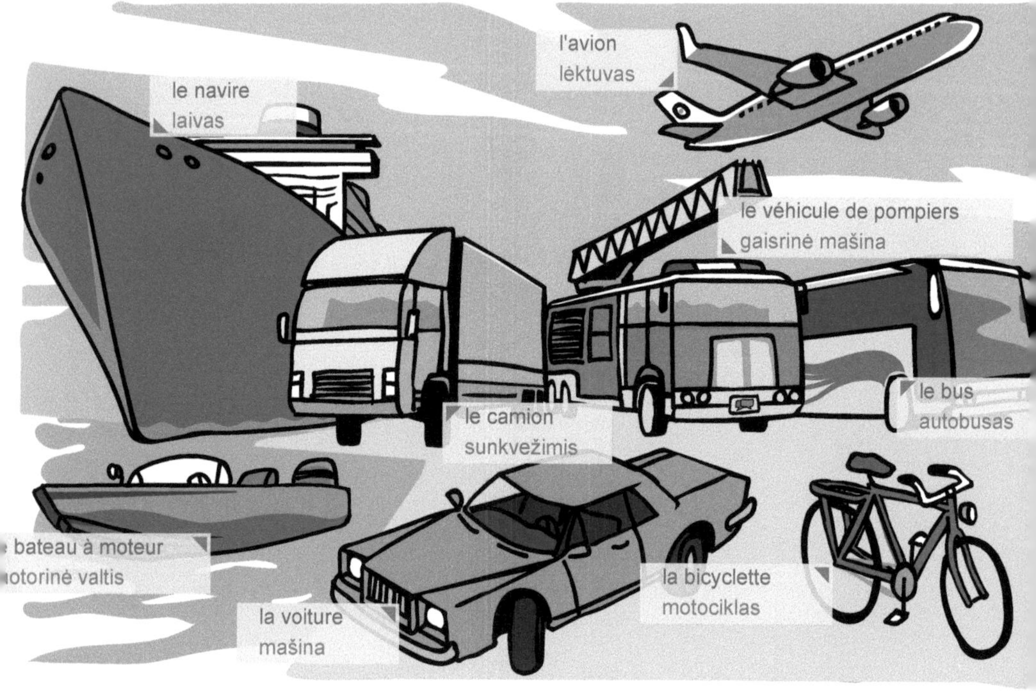
l'avion
lėktuvas
le navire
laivas
le véhicule de pompiers
gaisrinė mašina
le camion
sunkvežimis
le bus
autobusas
bateau à moteur
otorinė valtis
la voiture
mašina
la bicyclette
motociklas

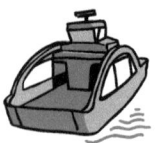

le ferry
keltas

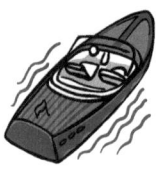

la barque
valtis

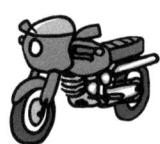

la moto
mopedas

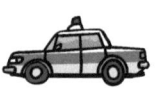

la voiture de police
policijos automobilis

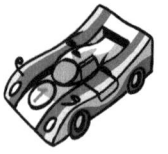

la voiture de course
lenktyninis automobilis

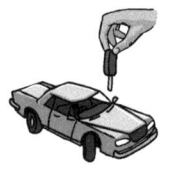

la voiture de location
nuomojamas automobilis

l'auto-partage

bendras automobilio
naudojimas

la voiture de remorquage

techninės pagalbos
automobilis

la benne à ordures

šiukšliavežė

le moteur

variklis

l'essence

degalai

la station d'essence

degalinė

le panneau indicateur

kelio ženklas

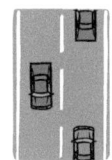

le trafic

eismas

l'embouteillage

eismo spūstis

le parking

mašinų stovėjimo aikštelė

la gare

traukinių stotis

les rails

bėgiai

le train

traukinys

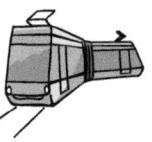

le tramway

tramvajus

le wagon

vagonas

l'hélicoptère

sraigtasparnis

l'aéroport

oro uostas

la tour

bokštas

le passager

keleivis

le conteneur

konteineris

le carton

dėžė

le chariot

vežimėlis

la corbeille

krepšys

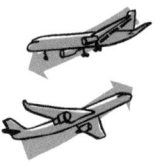

décoller / atterrir

pakilti / nusileisti

la ville

miestas

le village

kaimas

le centre-ville

miesto centras

la maison

namas

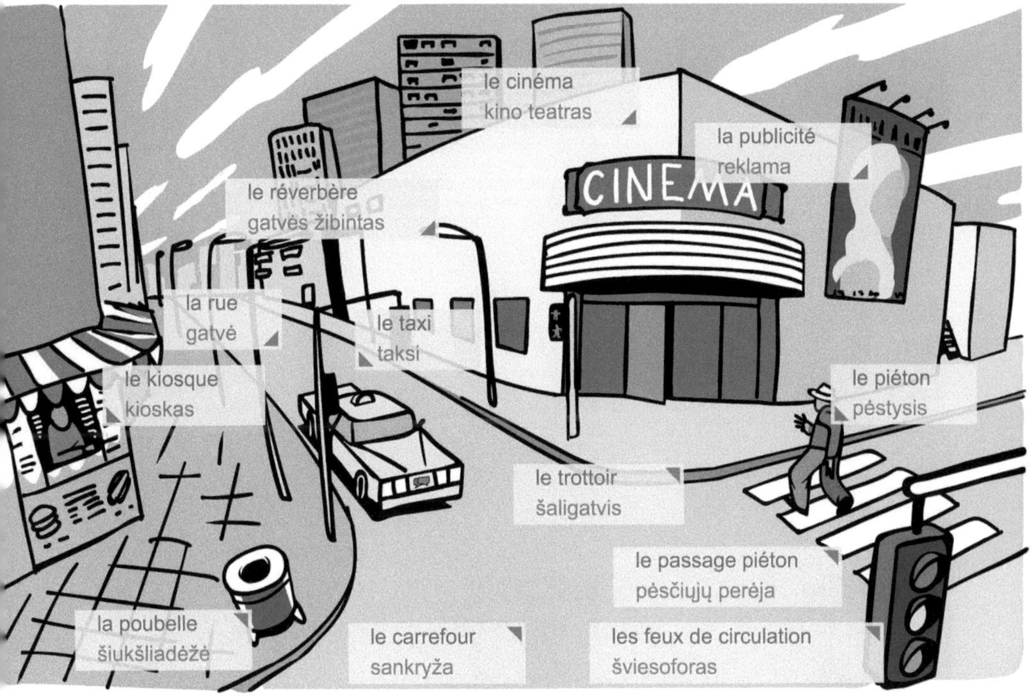

le cinéma
kino teatras

la publicité
reklama

le réverbère
gatvės žibintas

CINEMA

la rue
gatvė

le taxi
taksi

le kiosque
kioskas

le piéton
pėstysis

le trottoir
šaligatvis

le passage piéton
pėsčiųjų perėja

la poubelle
šiukšliadėžė

le carrefour
sankryža

les feux de circulation
šviesoforas

la cabane

trobelė

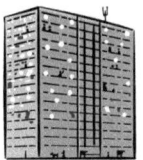

l'appartement

butas

la gare

traukinių stotis

la mairie

rotušė

le musée

muziejus

l'école

mokykla

l'université

universitetas

la banque

bankas

l'hôpital

ligoninė

l'hôtel

viešbutis

la pharmacie

vaistinė

le bureau

biuras

la librairie

knygynas

le magasin

parduotuvė

le fleuriste

gėlių parduotuvė

le supermarché

prekybos centras

le marché

turgus

le grand magasin

universalinė parduotuvė

la poissonnerie

žuvies parduotuvė

le centre commercial

prekybos centras

le port

uostas

le parc

parkas

la banque

suoliukas

le pont

tiltas

les escaliers

laiptai

le métro

metro

le tunnel

tunelis

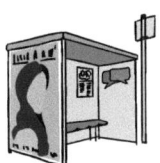

l'arrêt de bus

autobusų stotelė

le bar

baras

le restaurant

restoranas

la boîte à lettres

lauko pašto dėžutė

le panneau indicateur

kelio ženklas

le parcmètre

parkomatas

le zoo

zoologijos sodas

le réverbère

baseinas

la mosquée

mečetė

la ferme

ūkininko ūkis

la pollution

tarša

la cimetière

kapinės

l'église

bažnyčia

l'aire de jeux

žaidimų aikštelė

le temple

šventykla

le paysage
kraštovaizdis

la feuille
lapas

le panneau indicateur
kelio rodyklė

le chemin
kelias

le pré
pieva

la pierre
akmuo

l'arbre
medis

le randonneur
ėjikas

la rivière
upė

l'herbe
žolė

la fleur
gėlė

la vallée
slėnis

la montagne
kalva

le lac
eżeras

la forêt
miškas

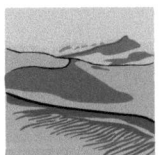

le désert
dykuma

le volcan
ugnikalnis

le château
pilis

l'arc-en-ciel
vaivorykštė

le champignon
grybas

le palmier
palmė

le moustique
uodas

la mouche
musė

les fourmis
skruzdėlė

l'abeille
bitė

l'araignée
voras

le coléoptère

vabalas

la grenouille

varlė

l'écureuil

voverė

le hérisson

ežys

le lièvre

kiškis

la chouette

pelėda

l'oiseau

paukštis

le cygne

gulbė

le sanglier

šernas

le cerf

elnias

l'élan

briedis

le barrage

užtvanka

l'éolienne

vėjo jėgainė

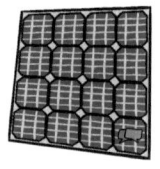

le panneau solaire

saulės baterija

le climat

klimatas

le serveur
padavėjas

le menu
meniu

la chaise
kėdė

la soupe
sriuba

la pizza
pica

les couverts
stalo įrankiai

la nappe
staltiesė

les hors d'œuvre

užkandis

le plat principal

pagrindinis patiekalas

le dessert

desertas

les boissons

gėrimai

l'alimentation

maistas

la bouteille

butelis

le fast-food

greitai pateikiamas maistas

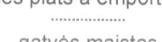

les plats à emporter

gatvės maistas

la théière

arbatinukas

le sucrier

cukrinė

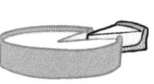

la portion

porcija

la machine à expresso

espreso aparatas

la chaise haute

aukšta kėdė

la facture

sąskaita

le plateau

padėklas

le couteau

peilis

la fourchette

šakutė

la cuillère

šaukštas

la cuillère à thé

arbatinis šaukštelis

la serviette

servetėlė

le verre

stiklinė

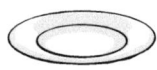

l'assiette

lėkštė

l'assiette à soupe

sriubos lėkštė

la soucoupe

padėklas

la sauce

padažas

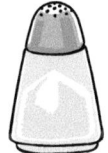

la salière

druskinė

le moulin à poivre

pipirų malūnėlis

le vinaigre

actas

l'huile

aliejus

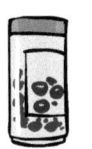

les épices

prieskoniai

le ketchup

kečupas

la moutarde

garstyčios

la mayonnaise

majonezas

le supermarché
prekybos centras

l'offre promotionnelle
specialus pasiūlymas
le client
pirkėjas
les produits laitiers
pieno produktai
les fruits
vaisiai
le chariot
troleibusas
FOR

BUTCHERS

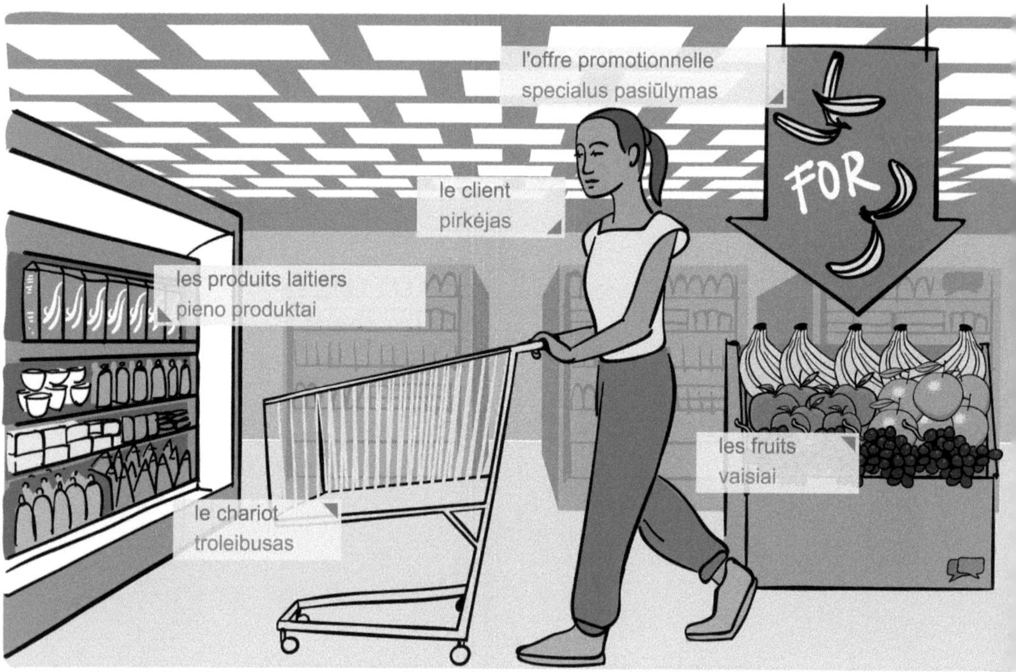

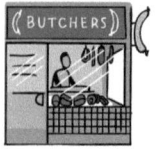

la boucherie

mėsos parduotuvė

BAKERY

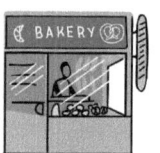

la boulangerie

kepykla

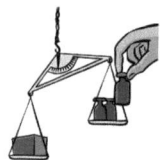

peser

sverti

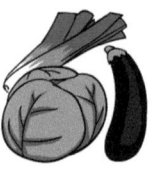

les légumes

daržovės

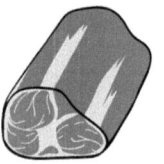

la viande

mėsa

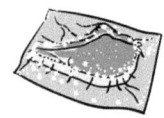

les aliments surgelés

šaldytas maistas

la charcuterie

šalti mėsos užkandžiai

les conserves

konservai

la poudre à lessive

skalbimo milteliai

les bonbons

saldumynai

les articles ménagers

ūkinės prekės

les détergents

valymo priemonės

la vendeuse

pardavėja

la caisse

kasos aparatas

le caissier

kasininkas

la liste d'achats

pirkinių sąrašas

les heures d'ouverture

darbo valandos

le portefeuille

piniginė

la carte de crédit

kreditinė kortelė

les conserves

le sac

maišelis

le sac en plastique

plastikinis maišelis

les heures d'ouverture

l'eau

vanduo

le jus de fruit

sultys

le lait

pienas

le coca

kola

le vin

vynas

la bière

alus

l'alcool

alkoholis

le chocolat chaud

kakava

le thé

arbata

le café

kava

l'expresso

espresas

le cappuccino

kapučinas

la banane

bananas

la pomme

obuolys

l'orange

apelsinas

le melon

arbūzas

le citron.

citrina

la carotte

morka

l'ail

česnakas

le bambou

bambukas

l'oignon

svogūnas

le champignon

grybas

les noisettes

riešutai

les pâtes

makaronai

les spaghetti

spagečiai

le riz

ryžiai

la salade

salotos

les pommes frites

traškučiai

les pommes de terre rôties

keptos bulvės

la pizza

pica

le hamburger

mėsainis

le sandwich

sumuštinis

l'escalope

pjausnys

le jambon

kumpis

le salami

saliamis

la saucisse

dešrelė

le poulet

vištiena

le rôti

kepsnys

le poisson

žuvis

l'alimentation - maistas

les flocons d'avoine

avižų dribsniai

le muesli

dribsniai su priedais

les cornflakes

kukurūzų dribsniai

la farine

miltai

le croissant

prancūziškasis ragelis

les petits-pains

bandelė

le pain

duona

le pain grillé

skrebutis

les biscuits

sausainiai

le beurre

sviestas

le fromage blanc

varškė

le gâteau

tortas

l'œuf

kiaušinis

l'œuf au plat

kiaušinienė

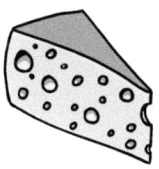

le fromage

sūris

la glace

ledai

le sucre

cukrus

le miel

medus

la confiture

uogienė

la crème nougat

tepamas šokoladas

le curry

karis

l'alimentation - maistas

la ferme
ūkininko ūkis

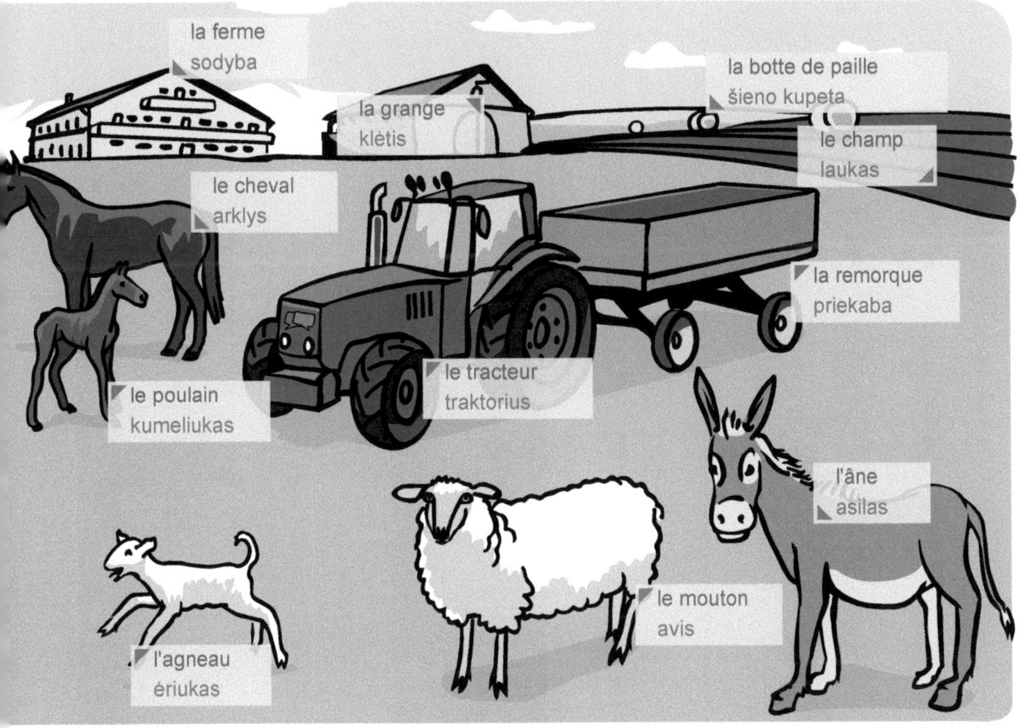

la ferme
sodyba
la grange
klėtis
la botte de paille
šieno kupeta
le champ
laukas
le cheval
arklys
la remorque
priekaba
le tracteur
traktorius
le poulain
kumeliukas
l'âne
asilas
le mouton
avis
l'agneau
ėriukas

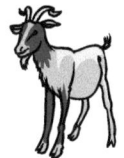

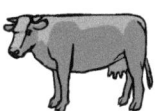

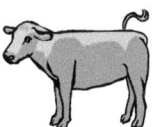

la chèvre

ožys

la vache

karvė

le veau

veršis

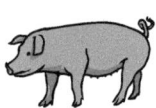

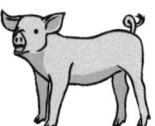

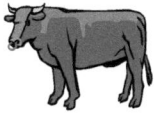

le porc

kiaulė

le porcelet

paršelis

le taureau

bulius

l'oie

žąsis

le canard

antis

le poussin

viščiukas

la poule

višta

le coq

gaidys

le rat

žiurkė

le chat

katė

la souris

pelė

le bœuf

jautis

le chien

šuo

le chenil

šuns būda

le tuyau de jardin

sodo namas

l'arrosoir

laistytuvas

la faucheuse

dalgis

la charrue

plūgas

la faucille

pjautuvas

la pioche

kauptukas

la fourche

šakės

la hache

kirvis

la brouette

statinė

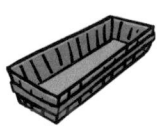

la cuve

lovys

le pot à lait

bidonas

le sac

maišas

la clôture

tvora

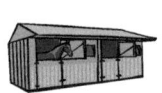

l'étable

arklidė

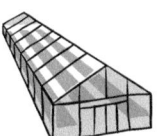

le serre

šiltnamis

le sol

dirva

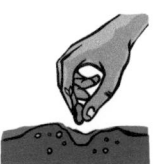

les semences

sėkla

l'engrais

trąšos

la moissonneuse-batteuse

kombainas

récolter

rinkti

la récolte

derlius

l'igname

saldžiosios bulvės

le blé

kviečiai

le soja

soja

la pomme de terre

bulvė

le maïs

kukurūzai

le colza

rapsai

l'arbre fruitier

vaismedis

le manioc

manijokas

les céréales

grūdai

la maison

namas

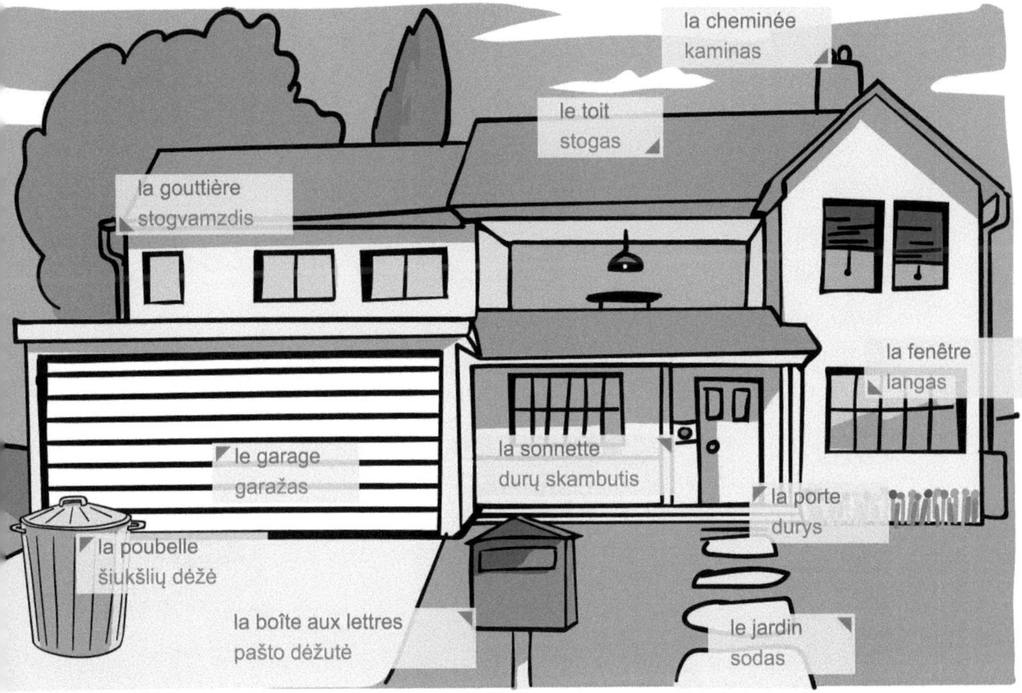

la cheminée
kaminas
le toit
stogas
la gouttière
stogvamzdis
la fenêtre
langas
le garage
garažas
la sonnette
durų skambutis
la porte
durys
la poubelle
šiukšlių dėžė
la boîte aux lettres
pašto dėžutė
le jardin
sodas

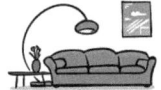

le salon

svetainė

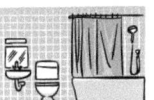

la salle de bain

vonios kambarys

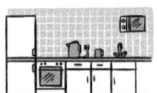

la cuisine

virtuvė

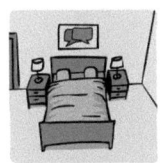

la chambre à coucher

miegamasis

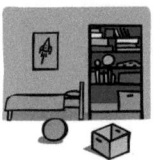

la chambre d'enfant

vaiko kambarys

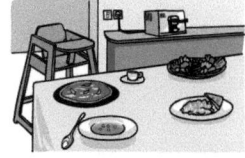

la salle à manger

valgomasis

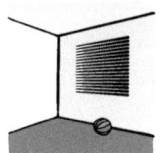

le sol

grindys

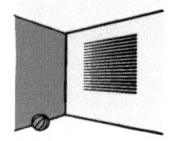

le mur

siena

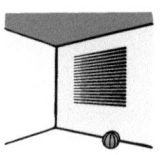

le plafond

lubos

la cave

rūsys

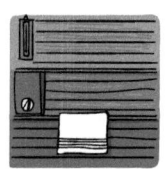

le sauna

sauna

le balcon

balkonas

la terrasse

terasa

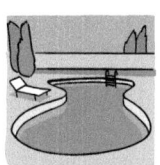

la piscine

baseinas

la tondeuse à gazon

žoliapjovė

la housse

paklodė

la couette

lovatiesė

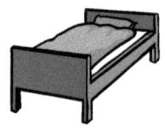

le lit

lova

le balai

šluota

le sceau

kibiras

l'interrupteur

jungiklis

le salon
svetainė

le papier peint
tapetai
l'image
nuotrauka
la lampe
šviestuvas
l'étagère
lentyna
l'armoire
spintelė
la télé
televizorius
la cheminée
židinys
la fleur
gėlė
le coussin
pagalvėlė
le sofa
sofa
le vase
vaza
la télécommande
nuotolinio valdymo pultelis

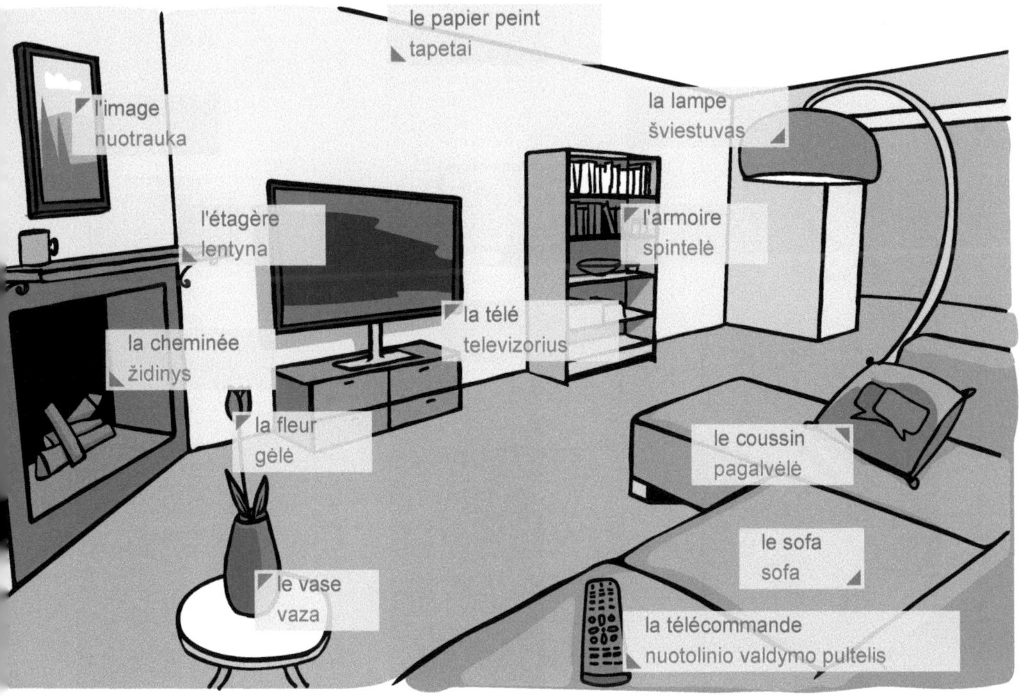

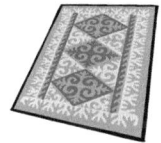

le tapis

kilimas

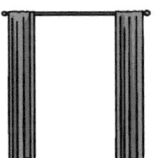

le rideau

užuolaida

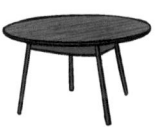

la table

stalas

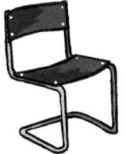

la chaise

kėdė

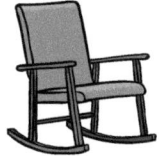

la chaise à bascule

supamasis krėslas

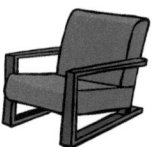

le fauteuil

fotelis

le livre

knyga

la couverture

antklodė

la décoration

papuošimai

le bois de chauffage

malkos

le film

filmas

la chaîne hi-fi

stereo aparatūra

la clé

raktas

le journal

laikraštis

la peinture

paveikslas

le poster

plakatas

la radio

radijas

le bloc-notes

užrašų knygelė

l'aspirateur

dulkių siurblys

le cactus

kaktusas

la bougie

žvakė

la cuisine
virtuvė

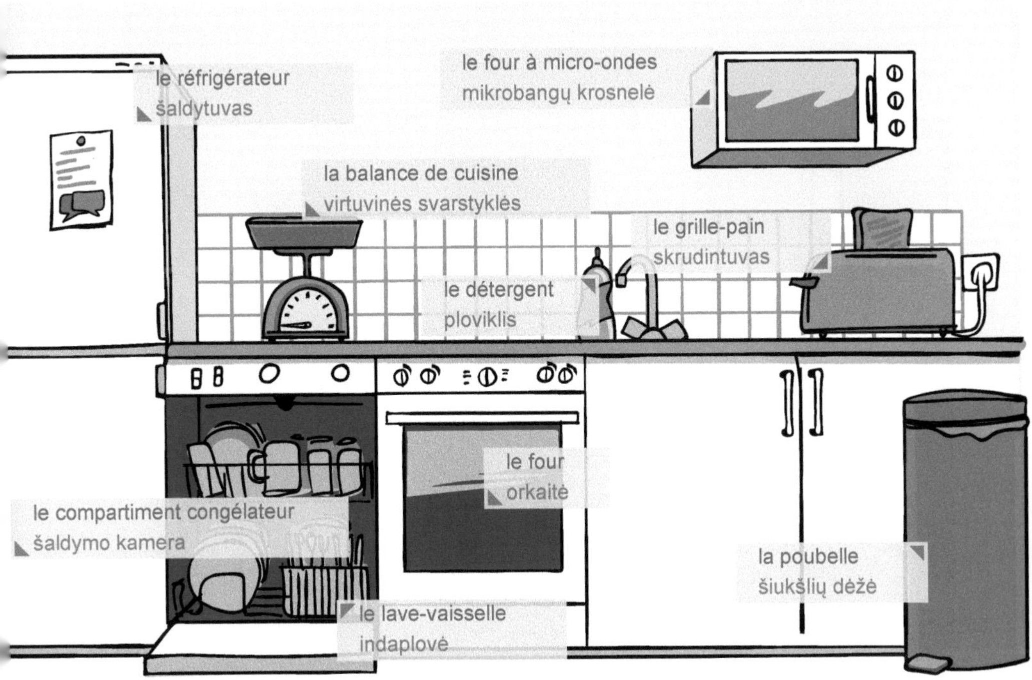
le réfrigérateur
šaldytuvas
le four à micro-ondes
mikrobangų krosnelė
la balance de cuisine
virtuvinės svarstyklės
le grille-pain
skrudintuvas
le détergent
ploviklis
le four
orkaitė
le compartiment congélateur
šaldymo kamera
la poubelle
šiukšlių dėžė
le lave-vaisselle
indaplovė

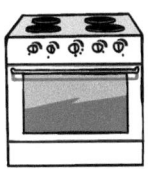

le four

viryklė

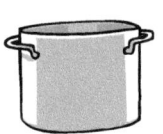

la casserole

puodas

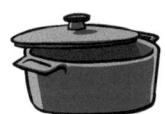

la marmite

ketaus puodas

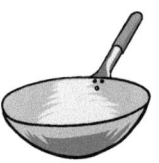

le wok / kadai

„wok“ keptuvė

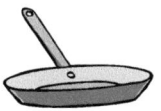

la poêle

keptuvė

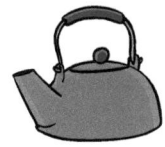

la bouilloire electrique

virdulys

le cuiseur vapeur

garų puodas

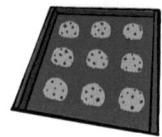

la plaque de cuisson

kepimo skarda

la vaisselle

porceliano indai

le gobelet

puodelis

la coupe

dubuo

les baguettes

valgomosios lazdelės

la louche

samtis

la spatule

mentelė

le fouet

plaktuvas

la passoire

koštuvas

le tamis

sietas

la râpe

trintuvė

le mortier

grūstuvė

le barbecue

kepsninė

la cheminée

atvira liepsna

la planche à découper

pjaustymo lentelė

le rouleau à pâtisserie

kočėlas

le tire-bouchon

kamščiatraukis

la boîte

skardinė

l'ouvre-boîte

skardinių atidarytuvas

les maniques

puodkėlė

le lavabo

kriauklė

la brosse

šepetys

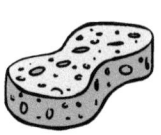

l'éponge

kempinė

le mixeur

trintuvas

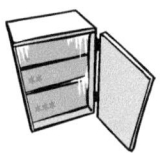

le congélateur

šaldiklis

le biberon

kūdikių buteliukas

le robinet

čiaupas

la salle de bain

vonios kambarys

le chauffage
šildymas
la serviette
rankšluostis
la douche
dušas
le rideau de douche
dušo užuolaidos
le bain moussant
vonios putos
la baignoire
vonia
le verre
stiklinė
la machine à laver
skalbimo mašina
le robinet
čiaupas
le carrelage
plytelės
le pot
naktinis puodukas
le lavabo
kriauklė

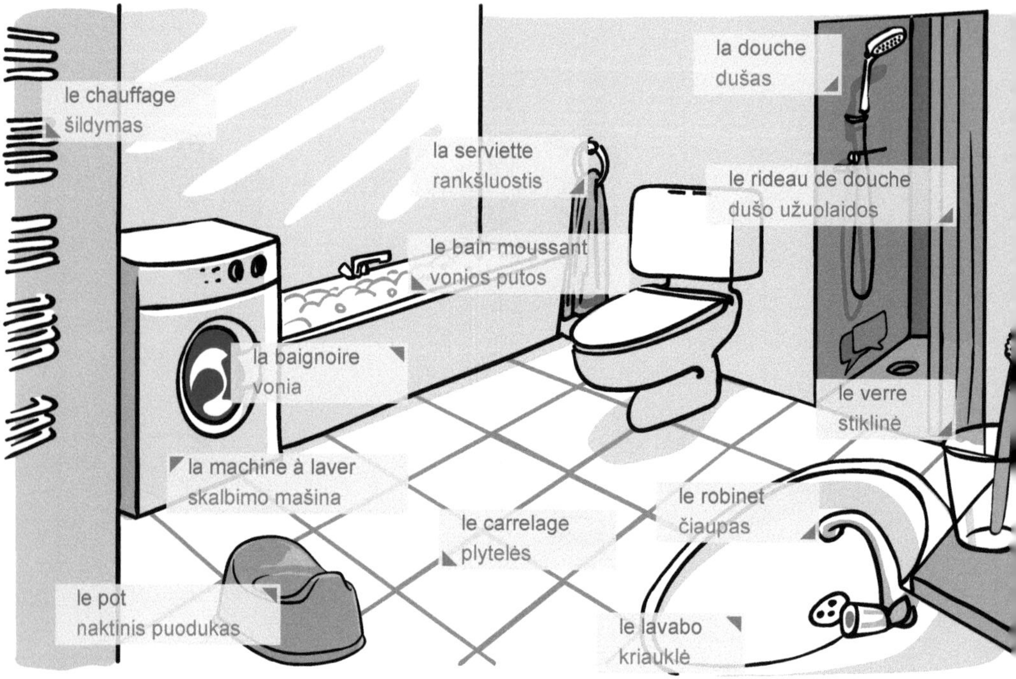

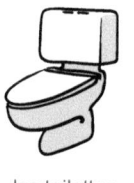

les toilettes

unitazas

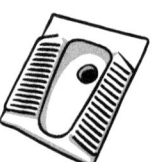

la toilette à la turque

tupimasis unitazas

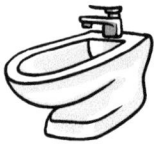

le bidet

bidė

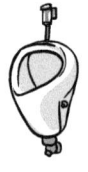

l'urinoir

pisuaras

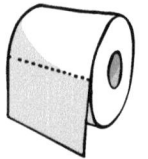

le papier toilette

tualetinis popierius

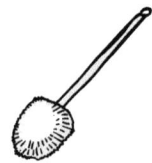

la brosse à toilette

unitazo šepetys

la brosse à dents

dantų šepetėlis

le dentifrice

dantų pasta

le fil dentaire

dantų siūlas

laver

plauti

la douche manuelle

dušo galvutė

la douche intime

higieninis dušas

la vasque

praustuvas

la brosse dorsale

nugaros plaušinė

le savon

muilas

le gel douche

dušo želė

le shampooing

šampūnas

le gant de toilette

plaušinė

l'écoulement

kanalizacija

la crème

kremas

le déodorant

dezodorantas

le miroir
veidrodis

le miroir cosmétique
veidrodėlis

le rasoir
skustuvas

la mousse à raser
skutimosi putos

l'après-rasage
losjonas po skutimosi

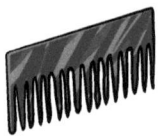
la peigne
šukos

la brosse
šepetys

le sèche-cheveux
plaukų džiovintuvas

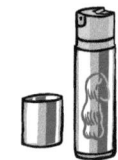
la laque pour cheveux
plaukų lakas

le fond de teint
makiažas

le rouge à lèvres
lūpdažis

le vernis à ongles
nagų lakas

l'ouate
vata

le coupe-ongles
žirklutės nagams

le parfum
kvepalai

la trousse de toilette

maišelis skalbiniams

le tabouret

taburetė

le pèse-personne

svarstyklės

le peignoir

chalatas

les gants de nettoyage

guminės pirštinės

le tampon

tamponas

les serviettes hygiéniques

higieninis įklotas

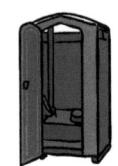

la toilette chimique

biotualetas

la chambre d'enfant
vaiko kambarys

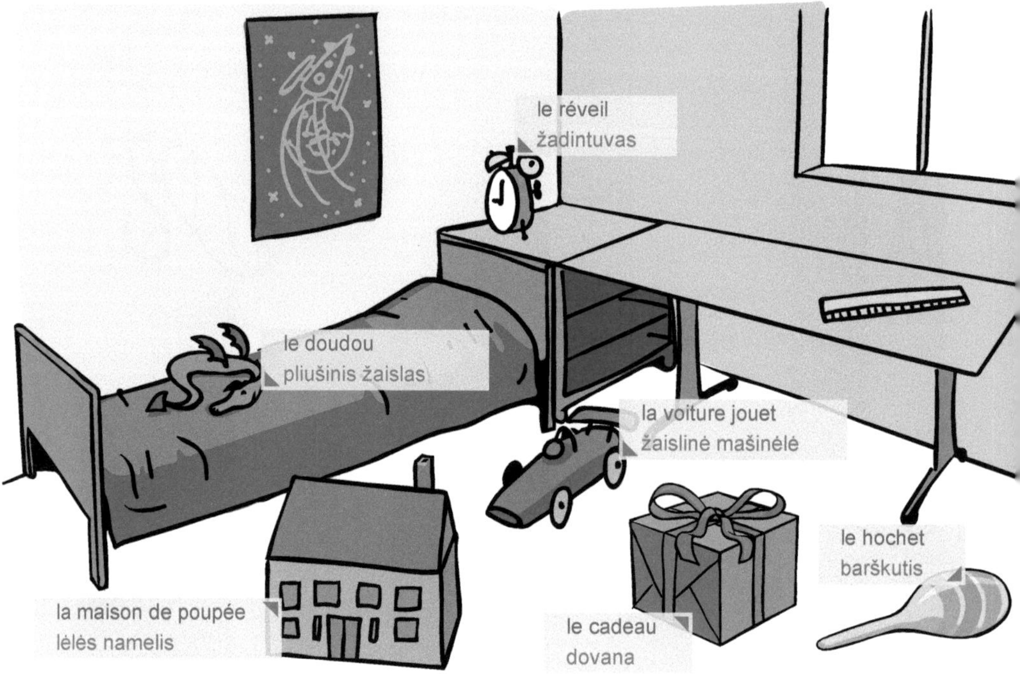
le réveil
žadintuvas
le doudou
pliušinis žaislas
la voiture jouet
žaislinė mašinėlė
le hochet
barškutis
la maison de poupée
lėlės namelis
le cadeau
dovana

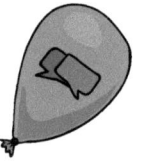

le ballon
....
balionas

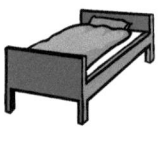

le lit
....
lova

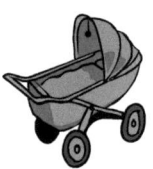

la poussette
....
vaikiškas vežimėlis

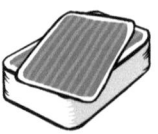

le jeu de cartes
....
kortų malka

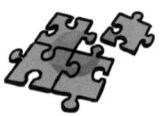

le puzzle
....
delionė

la bande dessinée
....
komiksai

les pièces lego

lego kaladėlės

les blocs de construction

žaislinės kaladėlės

la figurine

figūrėlė

la grenouillère

šliaužtinukai

le frisbee

mėtymo lėkštė

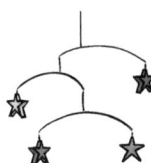

le mobile

karuselė

le jeu de société

stalo žaidimas

le dé

kauliukai

le train miniature

žaislinis traukinys

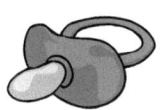

la sucette

žindukas

la fête

vakarėlis

le livre d'images

paveiksliukų knygelė

la balle

kamuolys

la poupée

lėlė

jouer

žaisti

le bac à sable

smėlio dėžė

la balançoire

sūpynės

les jouets

žaislai

la console de jeu

žaidimų konsolė

le tricycle

triratukas

l'ours en peluche

meškiukas

l'armoire

drabužių spinta

les vêtements
drabužis

les chaussettes

kojinės

les bas

kojinės virš kelių

le collant

pėdkelnės

l'écharpe
šalikas

le parapluie
skėtis

le t-shirt
marškinėliai

la ceinture
diržas

les bottes
ilgaauliai batai

les pantoufles
šlepetės

les baskets
sportbačiai

les sandales
....
sandalai

les chaussures
....
batai

les bottes de caoutchouc
....
guminiai batai

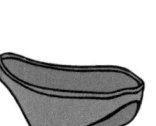

les sous-vêtements
....
trumpikės

le soutien-gorge
....
liemenėlė

le maillot de corps
....
liemenė

les vêtements - drabužis

le body

glaustinukė

le pantalon

kelnės

le jean

džinsai

la jupe

sijonas

le chemisier

palaidinė

la chemise

marškiniai

le pull

megztinis

le sweat à capuche

megztinis su gobtuvu

la veste

švarkelis

la veste

švarkas

le manteau

paltas

l'imperméable

lietpaltis

le costume

kostiumas

la robe

suknelė

la robe de mariée

vestuvinė suknelė

le costume

kostiumas

la chemise de nuit

naktiniai marškiniai

le pyjama

pižama

le sari

saris

le foulard

skarelė

le turban

tiurbanas

la burqa

burka

le caftan

kaftanas

l'abaya

abaja

le maillot de bain

maudymosi kostiumėlis

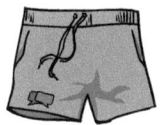

le maillot de bain

glaudės

le short

šortai

la tenue d'entraînement

sportinis kostiumas

le tablier

prijuostė

les gants

pirštinės

le bouton
....
saga

les lunettes
....
akiniai

le bracelet
....
apyrankė

le collier
....
vėrinys

la bague
....
žiedas

la boucle d'oreille
....
auskaras

le bonnet
....
kepurė

le cintre
....
pakabas

le chapeau
....
skrybėlė

la cravate
....
kaklaraištis

la fermeture éclair
....
užtrauktukas

le casque
....
šalmas

les bretelles
....
breketai

l'uniforme scolaire
....
mokyklinė uniforma

l'uniforme
....
uniforma

le bavoir
seilinukas

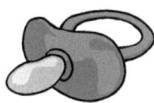

la sucette
žindukas

la lange
vystyklai

le serveur
serveris

l'armoire d'archivage
dokumentų spinta

l'imprimante
spausdintuvas

le papier
popierius

l'écran
vaizduoklis

la souris
pelė

le bureau
rašomasis stalas

le classeur
aplankas

le clavier
klaviatūra

la corbeille à papier
šiukšliadėžė

la chaise
kėdė

l'ordinateur
kompiuteris

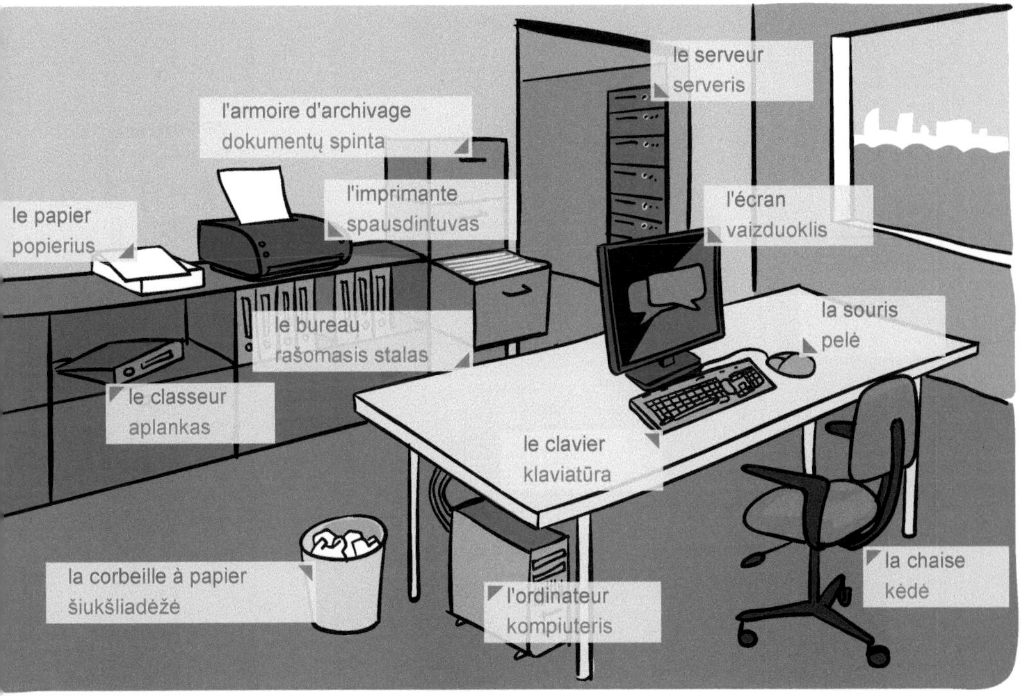

la tasse de café
kavos puodelis

la calculatrice
kalkuliatorius

l'internet
internetas

le bureau - biuras

l'ordinateur portable

nešiojamasis kompiuteris

la lettre

laiškas

le message

žinutė

le portable

mobilusis telefonas

le réseau

tinklas

la photocopieuse

fotokopijavimo aparatas

le logiciel

programinė įranga

le téléphone

telefonas

la prise

kištukinis lizdas

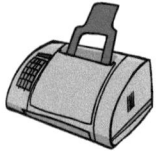

le fax

faksas

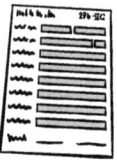

le formulaire

forma

le document

dokumentas

acheter

pirkti

payer

mokėti

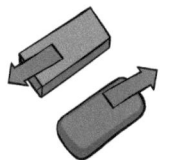

faire du commerce

prekiauti

la monnaie

pinigai

le dollar

doleris

l'euro

euras

le yen

jena

le rouble

rublis

le franc suisse

Šveicarijos frankas

le renminbi yuan

juanis

la roupie

rupija

le distributeur automatique

bankomatas

le bureau de change

valiutos keitykla

l'or

auksas

l'argent

sidabras

le pétrole

nafta

l'énergie

energija

le prix

kaina

le contrat

sutartis

la taxe

mokestis

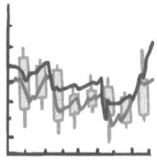

l'action

akcijos

travailler

dirbti

l'employé

darbuotojas

l'employeur

darbdavys

l'usine

gamykla

le magasin

parduotuvė

l'économie - ekonomika

les professions
profesijos

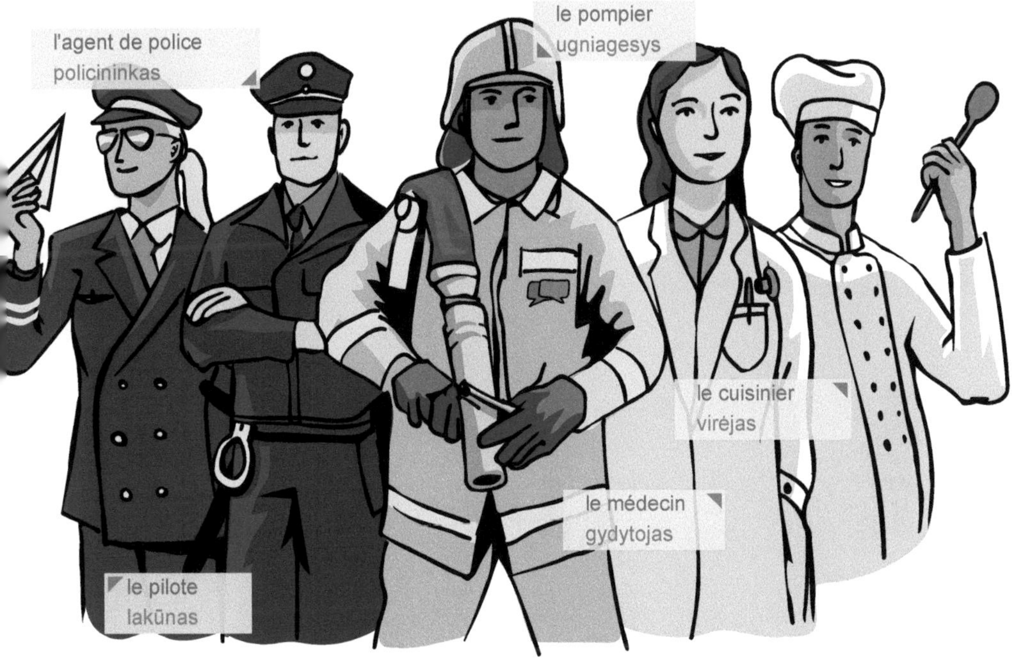
le pompier
ugniagesys
l'agent de police
policininkas
le cuisinier
virėjas
le médecin
gydytojas
le pilote
lakūnas

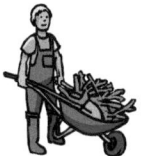

le jardinier

sodininkas

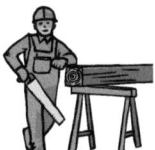

le menuisier

stalius

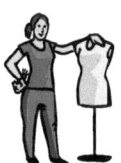

la couturière

siuvėja

le juge

teisėjas

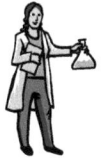

le chimiste

chemikas

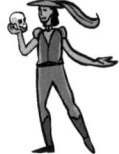

l'acteur

aktorius

le conducteur de bus

autobuso vairuotojas

le chauffeur de taxi

taksi vairuotojas

le pêcheur

žvejys

la femme de ménage

valytoja

le couvreur

stogdengys

le serveur

padavėjas

le chasseur

medžiotojas

le peintre

dailininkas

le boulanger

kepėjas

l'électricien

elektrikas

l'ouvrier

statybininkas

l'ingénieur

inžinierius

le boucher

mėsininkas

le plombier

santechnikas

le facteur

paštininkas

le soldat

kareivis

l'architecte

architektas

le caissier

kasininkas

le fleuriste

gėlininkas

le coiffeur

kirpėjas

le contrôleur

konduktorius

le mécanicien

mechanikas

le capitaine

kapitonas

le dentiste

odontologas

le scientifique

mokslininkas

le rabbin

rabinas

l'imam

imamas

le moine

vienuolis

le prêtre

kunigas

les professions - profesijos

les outils
įrankiai

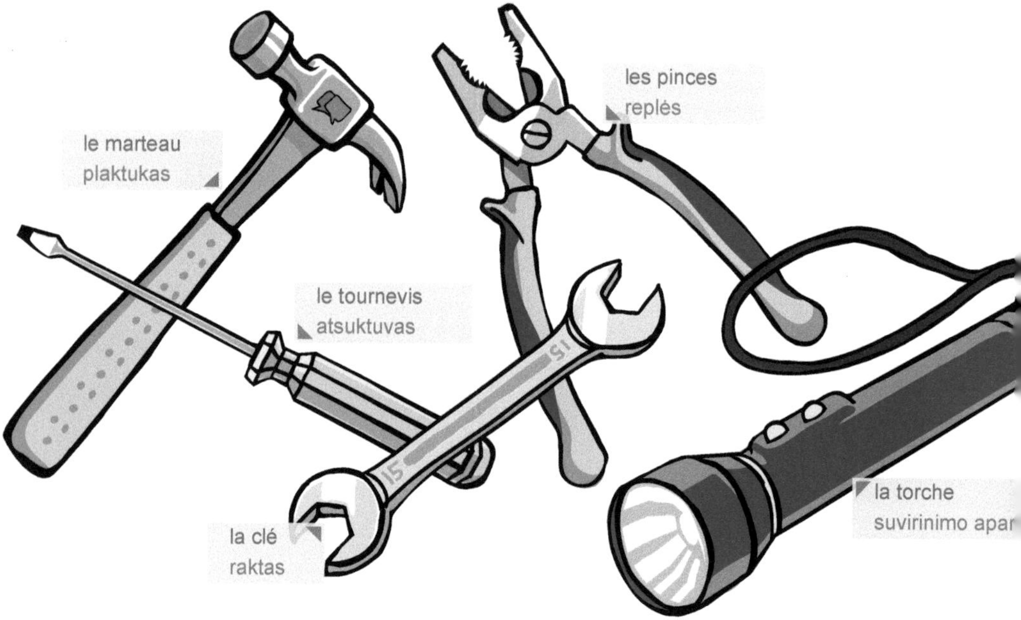

le marteau
plaktukas
les pinces
replės
le tournevis
atsuktuvas
la clé
raktas
la torche
suvirinimo apar

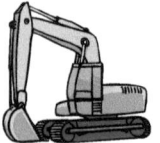

la pelleteuse

ekskavatorius

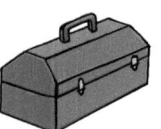

la boîte à outils

įrankių dėžė

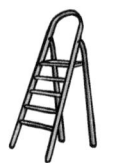

l'échelle

kopėčios

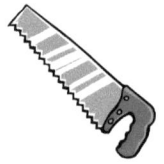

la scie

pjūklas

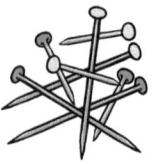

les clous

vinys

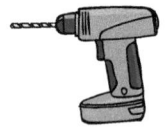

la perceuse

grąžtas

réparer

taisyti

la pelle

kastuvas

Mince !

Velniava!

la pelle

semtuvėlis

le pot de peinture

dažų skardinė

les vis

varžtai

les instruments de musique
muzikos instrumentai

le haut-parleurs
garsiakalbis

la batterie
būgnų rinkinys

la guitare
gitara

la contrebasse
kontrabosas

la trompette
trimitas

le piano

pianinas

le violon

smuikas

la basse

bosinė gitara

les timbales

timpanas

le tambour

būgnai

le piano électrique

sintezatorius

le saxophone

saksofonas

la flûte

fleita

le microphone

mikrofonas

le zoo
zoologijos sodas

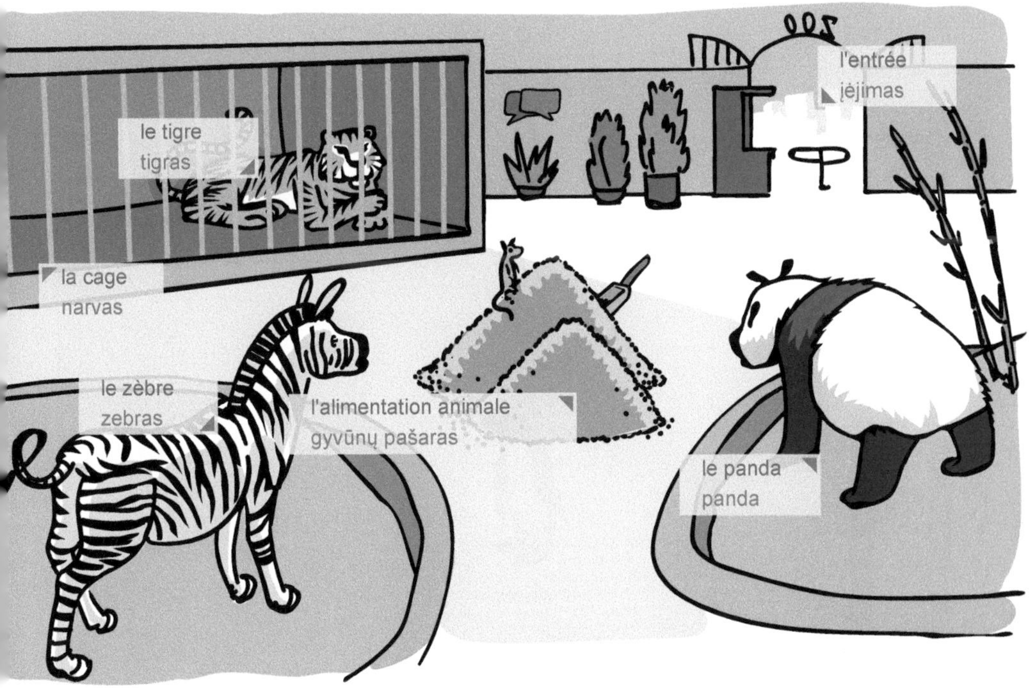
l'entrée
įėjimas
le tigre
tigras
la cage
narvas
le zèbre
zebras
l'alimentation animale
gyvūnų pašaras
le panda
panda

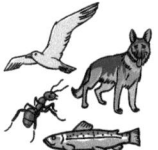

les animaux

gyvūnai

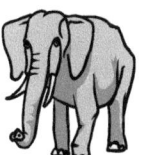

l'éléphant

dramblys

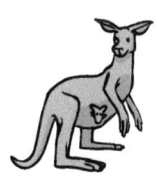

le kangourou

kengūra

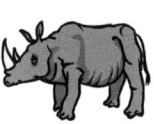

le rhinocéros

raganosis

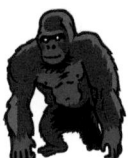

le gorille

gorila

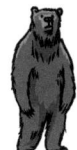

l'ours

meška

le chameau

kupranugaris

l'autruche

strutis

le lion

liūtas

le singe

beždžionė

le flamand rose

flamingas

le perroquet

papūga

l'ours polaire

baltoji meška

le pingouin

pingvinas

le requin

ryklys

le paon

povas

le serpent

gyvatė

le crocodile

krokodilas

le gardien de zoo

zoologijos sodo prižiūrėtojas

le phoque

ruonis

le jaguar

jaguaras

le poney

ponis

le léopard

leopardas

l'hippopotame

begemotas

la girafe

žirafa

l'aigle

erelis

le sanglier

šernas

le poisson

žuvis

la tortue

vėžlys

le morse

vėplys

le renard

lapė

la gazelle

gazelė

l'american Football
amerikietiškas futbolas

le cyclisme
dviračių sportas

le tennis
tenisas

le basket-ball
krepšinis

la natation
plaukimas

la boxe
boksas

le hockey sur glace
ledo ritulys

le football
futbolas

le badminton
badmintonas

l'athlétisme
atletika

le handball
rankinis

le ski
slidinėjimas

le polo
polas

les activités
užsiėmimai

sauter
šokinėti
rire
juoktis
embrasser
apkabinti
marcher
vaikščioti
chanter
dainuoti
rêver
svajoti
prier
melstis
faire la bise
bučiuoti

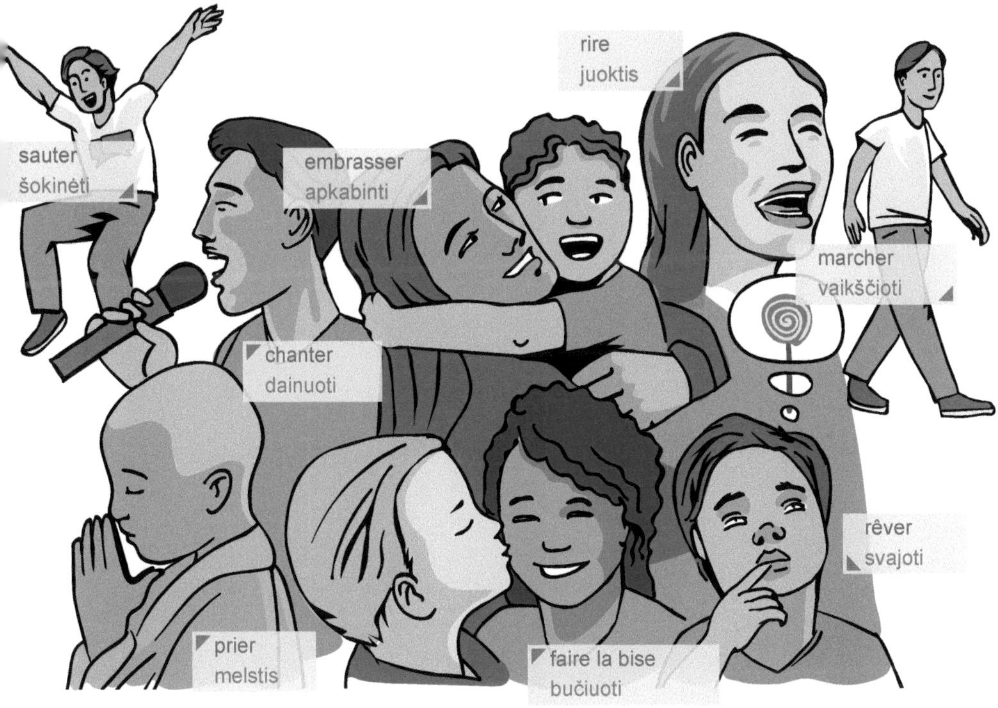

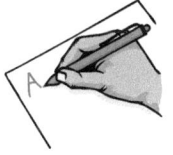

écrire

rašyti

dessiner

piešti

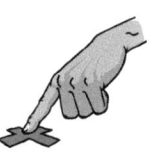

montrer

rodyti

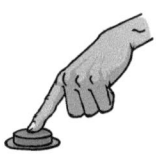

pousser

stumti

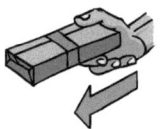

donner

duoti

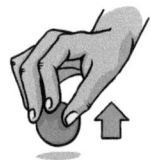

prendre

imti

avoir
....
turėti

faire
....
daryti

être
....
būti

être debout
....
stovėti

courir
....
bėgti

trier
....
traukti

jeter
....
mesti

tomber
....
kristi

être couché
....
meluoti

attendre
....
laukti

porter
....
nešti

être assis
....
sédėti

s'habiller
....
rengtis

dormir
....
miegoti

se réveiller
....
pabusti

regarder
žiūrėti

pleurer
verkti

caresser
glostyti

peigner
šukuoti

parler
kalbėti

comprendre
suprasti

demander
paklausti

écouter
klausytis

boire
gerti

manger
valgyti

ranger
tvarkytis

aimer
mylėti

cuire
gaminti

conduire
vairuoti

voler
skristi

les activités - užsiėmimai

65

faire de la voile
buriuoti

calculer
skaičiuoti

lire
skaityti

apprendre
mokytis

travailler
dirbti

se marier
vesti

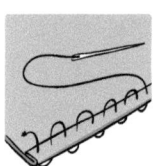

coudre
siūti

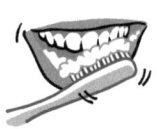

brosser les dents
valytis dantis

tuer
žudyti

fumer
rūkyti

envoyer
siųsti

la famille
šeima

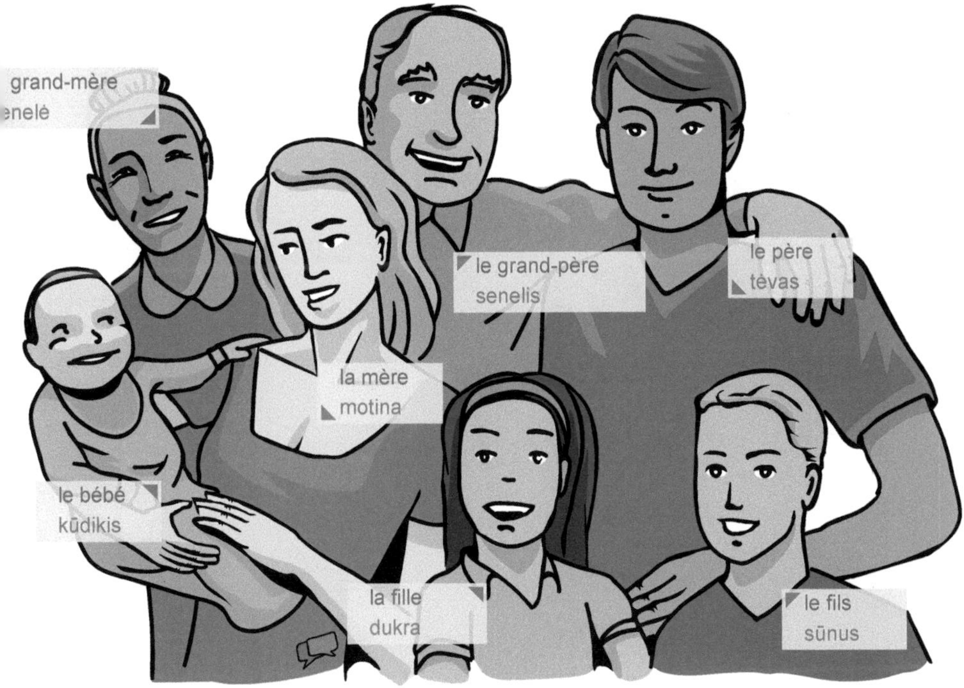
grand-mère
enelė
le grand-père
senelis
le père
tėvas
la mère
motina
le bébé
kūdikis
la fille
dukra
le fils
sūnus

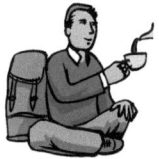

l'hôte
svečias

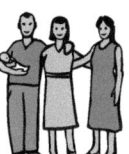

la tante
teta

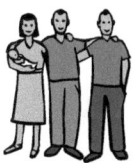

l'oncle
dėdė

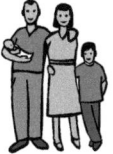

le frère
brolis

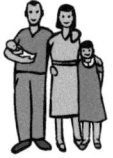

la sœur
sesuo

le corps
kūnas

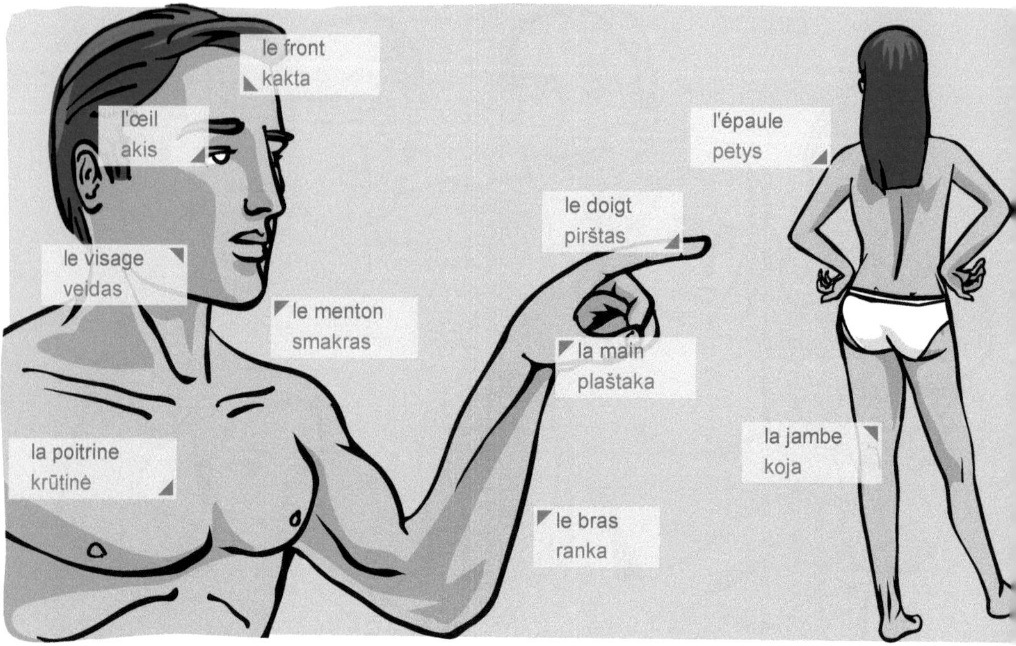
le front
kakta
l'œil
akis
l'épaule
petys
le doigt
pirštas
le visage
veidas
le menton
smakras
la main
plaštaka
la jambe
koja
la poitrine
krūtinė
le bras
ranka

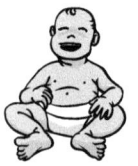

le bébé

kūdikis

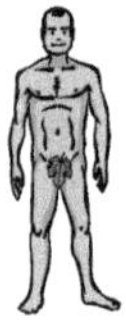

l'homme

vyras

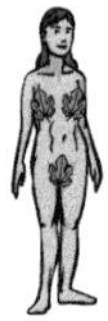

la femme

moteris

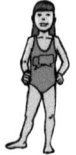

la fille

mergaitė

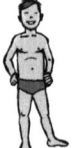

le garçon

berniukas

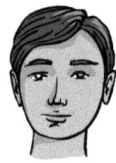

la tête

galva

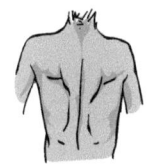

le dos

nugara

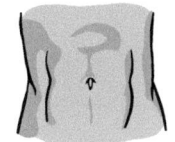

le ventre

pilvas

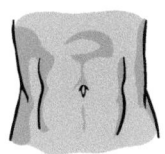

le nombril

bamba

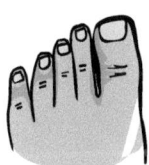

l'orteil

kojos pirštas

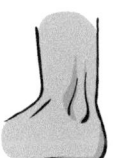

le talon

kulnas

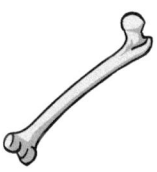

l'os

kaulas

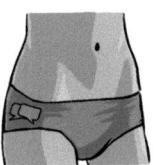

la hanche

klubas

le genou

kelis

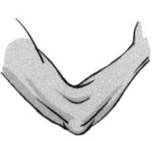

le coude

alkūnė

le nez

nosis

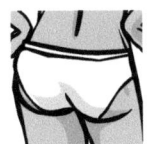

les fesses

sėdmenys

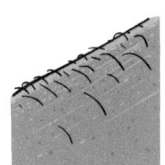

la peau

oda

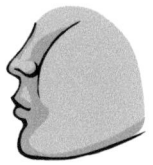

la joue

skruostas

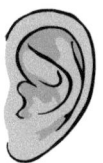

l'oreille

ausis

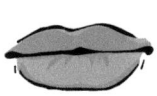

la lèvre

lūpa

la bouche
....
burna

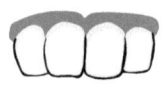

la dent
....
dantis

la langue
....
liežuvis

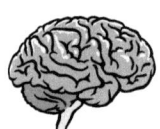

le cerveau
....
smegenys

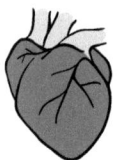

le cœur
....
širdis

le muscle
....
raumuo

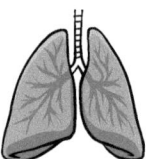

les poumons
....
plaučiai

le foie
....
kepenys

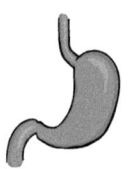

l'estomac
....
skrandis

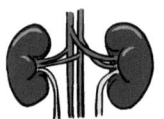

les reins
....
inkstai

le rapport sexuel
....
seksas

le préservatif
....
prezervatyvas

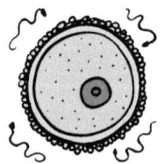

l'ovule
....
kiaušialąstė

le sperme
....
sperma

la grossesse
....
nėštumas

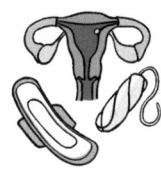

la menstruation

menstruacijos

le vagin

makštis

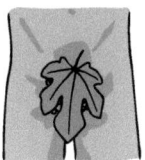

le pénis

varpa

le sourcil

antakis

les cheveux

plaukai

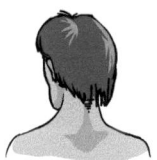

le cou

kaklas

l'hôpital
ligoninė

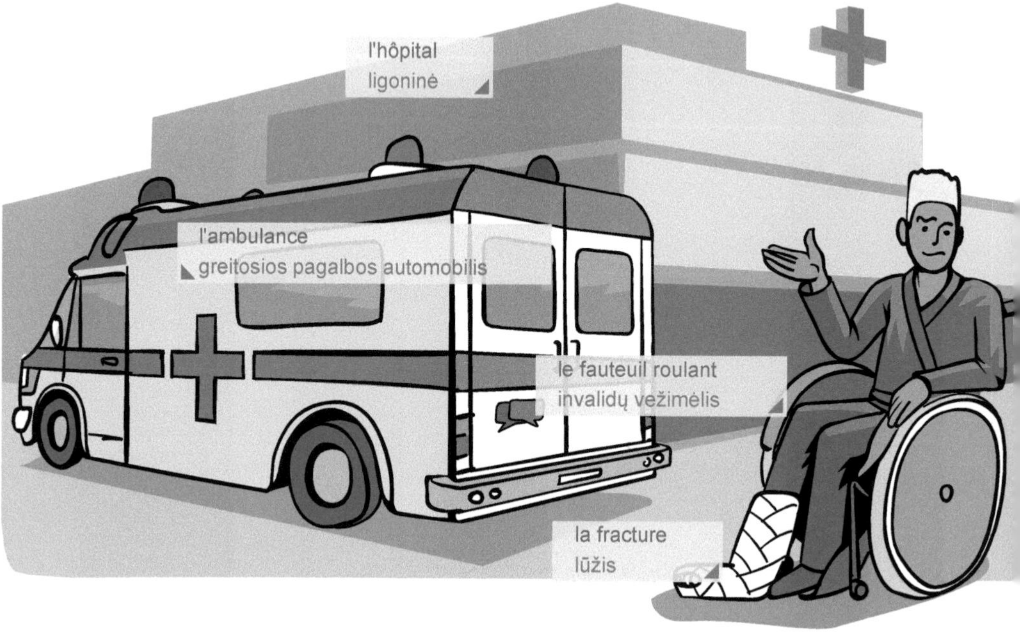

l'hôpital
ligoninė
l'ambulance
greitosios pagalbos automobilis
le fauteuil roulant
invalidų vežimėlis
la fracture
lūžis

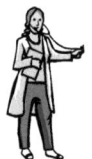

le médecin

gydytojas

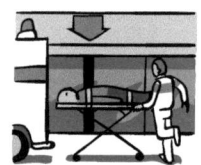

le service des urgences

skubios pagalbos skyrius

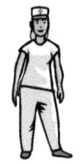

l'infirmière

slaugytoja

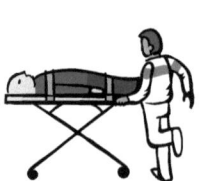

l'urgence

nelaimingas atsitikimas

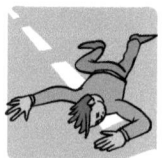

inconscient

be sąmonės

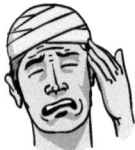

la douleur

skausmas

la blessure
sužalojimas

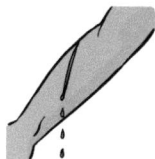

l'hémorragie
kraujavimas

la crise cardiaque
širdies smūgis

l'attaque cérébrale
insultas

l'allergie
alergija

la toux
kosulys

la fièvre
karščiavimas

la grippe
gripas

la diarrhée
viduriavimas

le mal de tête
galvos skausmas

le cancer
vėžys

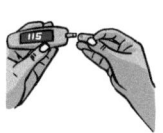

le diabète
diabetas

le chirurgien
chirurgas

le scalpel
skalpelis

l'opération
operacija

l'hôpital - ligoninė

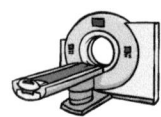

le CT

KT

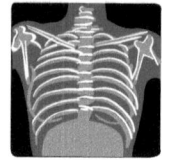

la radiographie

rentgenas

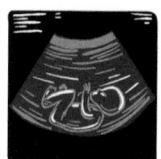

l'échographie

ultragarsas

le masque

veido kaukė

la maladie

liga

la salle d'attente

laukiamasis

la béquille

ramentas

le pansement

gipsas

le pansement

tvarstis

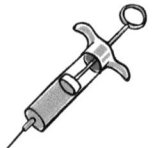

l'injection

injekcija

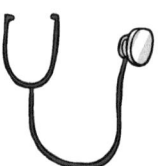

le stéthoscope

stetoskopas

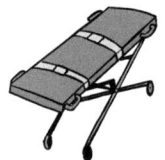

le brancard

neštuvai

le thermomètre

termometras

l'accouchement

gimimas

la surcharge pondérale

antsvoris

l'appareil auditif

klausos aparatas

le désinfectant

dezinfekavimo priemonė

l'infection

infekcija

le virus

virusas

le VIH / le sida

ŽIV / AIDS

le médicament

vaistas

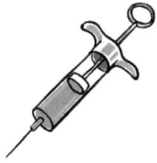

la vaccination

skiepijimas

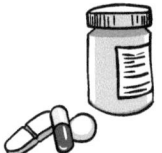

les comprimés

tabletės

la pilule

piliulė

l'appel d'urgence

skubios pagalbos numeris

le tensiomètre

kraujospūdžio matuoklis

malade / sain

ligotas / sveikas

l'hôpital - ligoninė

Au secours !	l'alarme	l'assaut
Padėkite!	pavojaus signalas	užpuolimas

l'attaque	le danger	la sortie de secours
ataka	pavojus	avarinis išėjimas

Au feu!	l'extincteur	l'accident
Gaisras!	gesintuvas	nelaimingas atsitikimas

la trousse de premier secours	SOS	la police
pirmosios pagalbos rinkinys	SOS	policija

l'Europe

Europa

l'Amérique du Nord

Šiaurės Amerika

l'Amérique du Sud

Pietų Amerika

l'Afrique

Afrika

l'Asie

Azija

l'Australie

Australija

l'Océan atlantique

Atlanto vandenynas

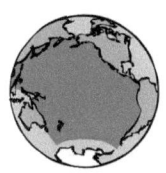

l'Océan pacifique

Ramusis vandenynas

l'Océan indien

Indijos vandenynas

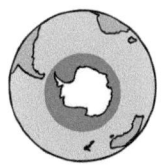

l'Océan antarctique

Pietų vandenynas

l'Océan arctique

Arkties vandenynas

le Pôle nord

Šiaurės ašigalis

le Pôle sud

Pietų ašigalis

l'Antarctique

Antarktida

la terre

Žemė

le pays

sausuma

la mer

jūra

l'île

sala

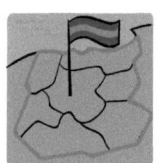

la nation

tauta

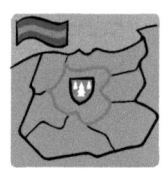

l'état

valstybė

le cadran

ciferblatas

l'aiguille des heures

valandinė rodyklė

l'aiguille des minutes

minutinė rodyklė

l'aiguille des secondes

sekundinė rodyklė

Quelle heure est-il ?

Kiek valandų?

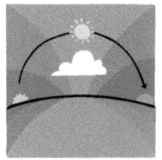

le jour

diena

le temps

laikas

maintenant

dabar

la montre digitale

skaitmeninis laikrodis

la minute

minutė

l'heure

valanda

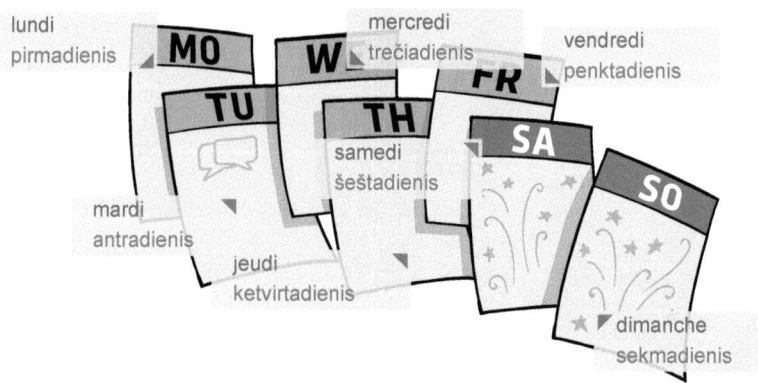

lundi
pirmadienis

mercredi
trečiadienis

vendredi
penktadienis

mardi
antradienis

samedi
šeštadienis

jeudi
ketvirtadienis

dimanche
sekmadienis

hier
vakar

aujourd'hui
šiandien

demain
rytoj

le matin
rytas

le midi
vidurdienis

le soir
vakaras

MO	TU	WE	TH	FR	SA	SU
1	2	3	4	5	6	7
8	9	10	11	12	13	14
15	16	17	18	19	20	21
22	23	24	25	26	27	28
29	30	31	1	2	3	4

les jours ouvrables
darbo dienos

MO	TU	WE	TH	FR	SA	SU
1	2	3	4	5	6	7
8	9	10	11	12	13	14
15	16	17	18	19	20	21
22	23	24	25	26	27	28
29	30	31	1	2	3	4

le week-end
savaitgalis

l'année
metai

la pluie
lietus
l'arc-en-ciel
vaivorykštė
la neige
sniegas
le vent
vėjas
le printemps
pavasaris
l'automne
ruduo
l'été
vasara
l'hiver
žiema

4.APRIL 11°
5.APRIL 4°
6.APRIL 13°
7.APRIL 8°
8.APRIL 10°

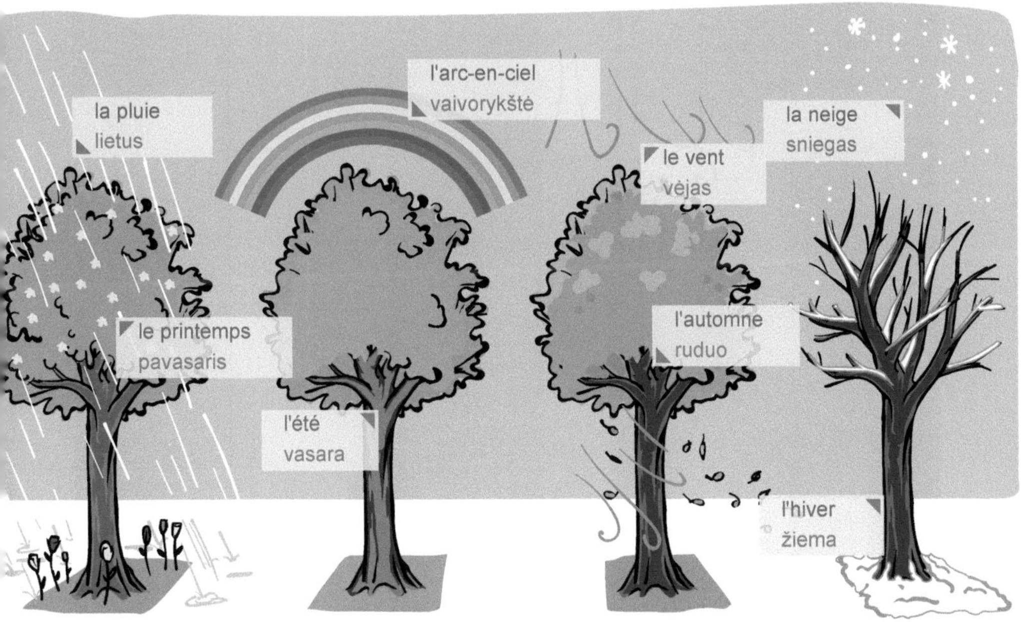

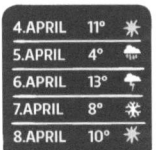

la météo
orų prognozė

F C
120 40
90 30
60 20
30 10
0 0
-30 -10
-20

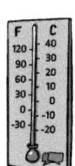

le thermomètre
lauko termometras

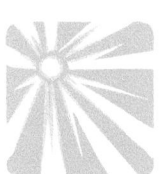

la lumière du soleil
saulės šviesa

le nuage
debesis

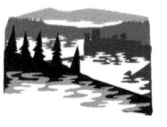

le brouillard
rūkas

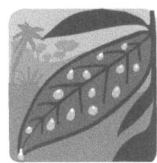

l'humidité
drėgmė

la foudre

žaibas

la tonnerre

griaustinis

la tempête

audra

la grêle

kruša

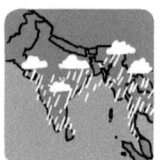

la mousson

musonas

l'inondation

potvynis

la glace

ledas

janvier

sausis

février

vasaris

mars

kovas

avril

balandis

mai

gegužė

juin

birželis

juillet

liepa

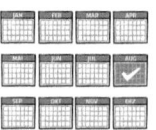

août

rugpjūtis

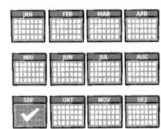

septembre
....
rugsėjis

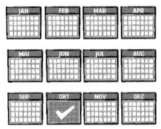

octobre
....
spalis

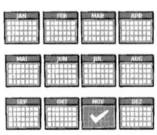

novembre
....
lapkritis

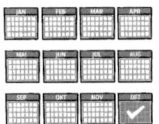

décembre
....
gruodis

les formes
formos

le cercle
....
apskritimas

le carré
....
kvadratas

le rectangle
....
stačiakampis

le triangle
....
trikampis

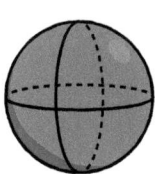

la sphère
....
sfera

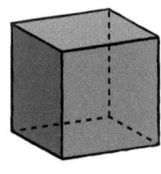

le cube
....
kubas

blanc
balta

jaune
geltona

orange
oranžinė

rose
rožinė

rouge
raudona

violet
violetinė

bleu
mėlyna

vert
žalia

marron
ruda

gris
pilka

noir
juoda

beaucoup / peu

daug / mažai

fâché / calme

piktas / ramus

joli / laid

gražus / bjaurus

le début / la fin

pradžia / pabaiga

grand / petit

didelis / mažas

clair / obscure

šviesus / tamsus

frère / soeur

brolis / sesuo

propre / sale

švarus / purvinas

complet / incomplet

užbaigtas / neužbaigtas

le jour / la nuit

diena / naktis

mort / vivant

miręs / gyvas

large / étroit

platus / siauras

comestible / incomestible

valgomas / nevalgomas

méchant / gentil

piktas / malonus

excité / ennuyé

linksmas / nuobodus

gros / mince

storas / plonas

le premier / le dernier

pirmiausia / paskiausia

l'ami / l'ennemi

draugas / priešas

plein / vide

pilnas / tuščias

dur / souple

kietas / minkštas

lourd / léger

sunkus / lengvas

faim / soif

alkis / troškulys

malade / sain

ligotas / sveikas

illégal / légal

nelegalus / legalus

intelligent / stupide

protingas / kvailas

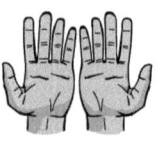

gauche / droite

kairė / dešinė

proche / loin

arti / toli

nouveau / usé

naujas / naudotas

rien / quelque chose

niekas / kažkas

vieux / jeune

senas / jaunas

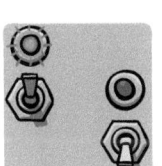

marche / arrêt

įjungta / išjungta

ouvert / fermé

atidaryta / uždaryta

faible / fort

tylus / garsus

riche / pauvre

turtingas / vargšas

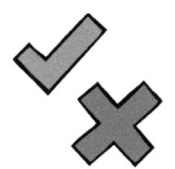

correct / incorrect

teisus / neteisus

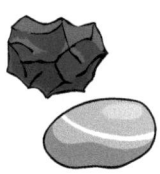

rugueux / lisse

šiurkštus / švelnus

triste / heureux

liūdnas / laimingas

court / long

trumpas / ilgas

lent / rapide

lėtas / greitas

mouillé / sec

drėgnas / sausas

chaud / froid

šiltas / šaltas

la guerre / la paix

karas / taika

0
zéro
nulis

1
un / une
vienas

2
deux
du

3
trois
trys

4
quatre
keturi

5
cinq
penki

6
six
šeši

7
sept
septyni

8
huit
aštuoni

9
neuf
devyni

10
dix
dešimt

11
onze
vienuolika

12

douze
dvylika

13

treize
trylika

14

quatorze
keturiolika

15

quinze
penkiolika

16

seize
šešiolika

17

dix-sept
septyniolika

18

dix-huit
aštuoniolika

19

dix-neuf
devyniolika

20

vingt
dvidešimt

100

cent
šimtas

1.000

mille
tūkstantis

1.000.000

le million
milijonas

les langues
kalbos

l'anglais
....
anglų

l'anglais américain
....
amerikiečių anglų

le chinois mandarin
....
kinų (mandarinų)

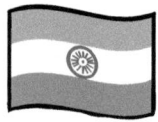

le hindi
....
hindi

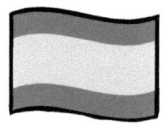

l'espagnol
....
ispanų

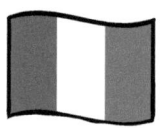

le français
....
prancūzų

l'arabe
....
arabų

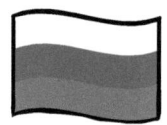

le russe
....
rusų

le portugais
....
portugalų

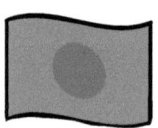

le bengali
....
bengalų

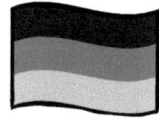

l'allemand
....
vokiečių

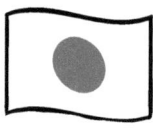

le japonais
....
japonų

je

aš

tu

tu

il / elle / ce, c', cela

jis / ji

nous

mes

vous

jūs

ils / elles

jie

Qui ?

kas?

Quoi ?

ką?

Comment ?

kaip?

Où ?

kur?

Quand ?

kada?

le nom

vardas

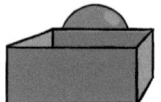

derrière

už

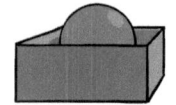

dans

kur (vieta)

devant

priešais

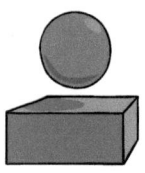

au-dessus

virš

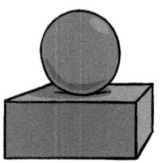

sur

ant

en-dessous

po

à côté de

prie

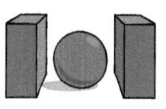

entre

tarp

le lieu

vieta